EDICIÓN FRANCESA

Redacción: **Françoise de Guibert**
Edición: **Brigitte Bouhet**
Dirección editorial: **Françoise Vibert-Guigue**
Dirección artística: **Frédéric Houssin** y **Cédric Ramadier**
Concepto gráfico y realización: **Double, París**
Dirección de la publicación: **Marie-Pierre Levallois**

EQUIPO EDITORIAL LAROUSSE MÉXICO

Responsable del departamento de Edición Infantil: **Amalia Estrada**
Asistente editorial: **Lourdes Corona**
Coordinadora de portadas: **Mónica Godínez**
Asistente administrativa: **Guadalupe Gil**
Traducción: **Amalia Estrada**

Título original: *Mes petites encyclopédies Larousse-Au zoo*
© Larousse, 2005
21, rue de Montparnasse 75006 París
ISBN: 2035531160 (Larousse, Francia)

D. R. © MMV, por E. L., S. A. de C.V.
Londres núm. 247, México 06600, D. F.

ISBN 970-22-1193-X (E. L., S. A. de C.V.)
ISBN 970-22-1187-5 (Colección completa)

PRIMERA EDICIÓN — Iª reimpresión — I/06

Impreso en México — Printed in Mexico

Mi Pequeña Enciclopedia

El zoológico

Ilustraciones: Isabelle Assémat

LAROUSSE

Mallorca 45
08029 Barcelona

Londres 247
México 06600, D. F.

21 Rue du Montparnasse
75298 París Cedex 06

Valentín Gómez 3530
1191 Buenos Aires

En el **zoológico**

En el zoológico podemos conocer animales que vienen **de todo el mundo.** Los encargados del zoológico cuidan de ellos todos los días: los **alimentan** y **limpian** sus espacios.

CAJA

3

El rey de los animales

El **león** es un **felino** como el gato.

El macho tiene un **pelaje amarillo oscuro** y una hermosa **melena,** que empieza a crecer a partir de los 2 años.

La **leona** es más pequeña y **no tiene melena.**

¡El león **ruge** muy fuerte
para mostrar su poder!

Sus colmillos son temibles:
es un **carnívoro** que come
10 kg de carne diarios.

En la sabana las leonas son las que cazan.
El león pasa mucho tiempo **descansando.**

Otros felinos

El **tigre** es el **más grande** de los felinos. Sus patas son enormes.
Su pelaje es amarillo anaranjado con rayas negras.
Cuando **ruge,** emite un gruñido estridente.

El **leopardo** es una pantera con un hermoso pelaje moteado.

Existen también **las panteras de las nieves,** con un pelaje claro...

...y **panteras negras.**

El **guepardo** tiene patas muy largas: es el animal **más veloz.**
Cuando caza, puede correr muy rápido, pero no por mucho tiempo.

Pesos **completos**

El **elefante** es el animal más grande de la Tierra. La hembra es la **elefanta** y su bebé, el **elefantito.** El elefante come grandes cantidades de hierba o de hojas cada día.

El elefante utiliza su larga **trompa** para **respirar**: sus narinas se encuentran en la punta.

Para **beber**, aspira como si su trompa fuera una pajilla.

Para **comer**, agarra los alimentos con su trompa y se los lleva a la boca.

También la utiliza para **rociarse** de agua o de polvo.

La **nariz** en el **agua**

El **hipopótamo** es muy grande.

Come **hierba** fresca.

Pasa todo el día **chapoteando** en el agua; sólo se ven sus **ojos** y su **nariz** sobre la superficie.

Cuando se sumerge, su nariz y sus orejas **se cierran.**

El **rinoceronte** es grande y gordo. Tiene **cascos** en las patas.

Come las **hojas duras** de los arbustos.

Su piel **gruesa** lo protege como si fuera una armadura.

Tiene dos grandes **cuernos** puntiagudos sobre el hocico. Sus **ojos** son muy pequeñitos, y ven muy mal. Sus **orejas** pueden moverse.

Le encanta **revolcarse en el lodo** para refrescarse y cazar insectos.

¡El as de las **piruetas!**

Los **monos** se cuelgan de las ramas
con las **manos**, las **patas** o la **cola**.

Sus **brazos** son más largos que sus piernas.
Muchos monos viven **en los árboles** y comen frutos.

El **lémur ratón** es el más **pequeño** de los monos, pero tiene garras enormes.

El **gibón** es un acróbata. Tiene brazos muy largos y se desplaza balanceándose de rama en rama. Nunca baja de los árboles.

El **makí** no es un mono, sino un lemúrido. Es pequeño, tiene un hocico alargado y una larga **cola rayada.** Se agrupa en manadas y vive en los árboles.

Los grandes **primates**

Los grandes primates son los animales que más se parecen a los seres humanos. Algunos pueden aprender muchas cosas. El **gorila** es el más **fuerte** y el más **grande** de todos los primates.

Sólo se alimenta de **hojas y frutos**. Para impresionar a sus enemigos se **golpea** el pecho.

Todas las noches en la **selva**, hace su cama con hojas. El gorila macho vive con sus hembras y sus crías.

Los **chimpancés** son los primates más inteligentes.
Se pueden domesticar.

Emiten toda clase de **gritos** y hacen **gestos**. Los chimpancés pasan
mucho tiempo **espulgándose**: es una muestra de amistad.

El **orangután** tiene largos pelos rojos. El macho tiene unas
inconfundibles mejillas regordetas. Vive en los árboles y come frutos.

¡Qué cuello tan largo!

La **jirafa** tiene patas altas y un cuello muy largo que le es muy útil para comer las hojas que están en la punta de los árboles.

Para **beber** y pastar, debe inclinarse separando las **patas** delanteras.

Duerme de pie porque le cuesta mucho trabajo incorporarse.

Tiene dos **cuernos** pequeños en la cabeza y una **cola** con pelos en el extremo.

Para **caminar** levanta las 2 patas que están del mismo lado.

Algunas tienen **manchas** regulares, otras irregulares.

La cría de la jirafa es la **jirafita**.

Un caballo con rayas

La **cebra** pertenece a la familia del caballo. Tiene **cascos** como él y come **hierba**, ¡pero rechaza a los jinetes!

Su **pelaje** blanco tiene rayas negras,
que son **diferentes** a las de las demás, lo que les permite
reconocerse en la manada.

La **pequeña cebra** trata de
ponerse en pie desde que nace.

Es torpe al principio, pero al cabo
de dos horas, puede seguir a
su madre **galopando**.

19

¡Qué hermosos **cuernos!**

El **búfalo** es un enorme animal de la familia de la vaca. Como ella, come hierba y **rumia**.

Toma largos **baños** para escapar de las moscas.

Tiene dos **cuernos**, largos y gruesos, que se arquean alrededor de la cabeza.

La **gacela** es muy graciosa.

Tiene largas **patas delgadas**, corre muy rápido
y puede dar **saltos** inmensos para escapar.

Tiene dos **cuernos puntiagudos**
en la cabeza...

...y una **mancha** de pelos blancos
en el trasero.

Los señores OSOS

Los **osos** son grandes y fuertes.
Pueden permanecer de pie
y caminar sobre dos patas.
Tienen una cola corta
y **garras muy largas**.

El **oso pardo** tiene la piel de
color café. Caza peces y también
come plantas y frutos.

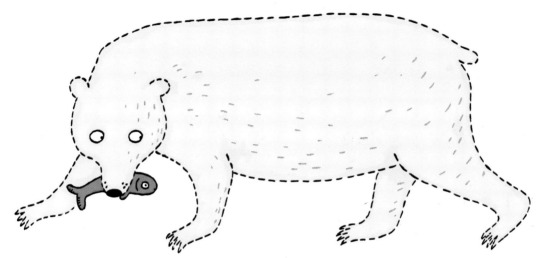

El **oso blanco** es el **más grande** de los osos. Su gruesa **piel blanca**
y su grasa lo protegen del frío. En la nieve es invisible.
Come peces y focas.

Hay muy pocos **osos panda** en el mundo.
Su pelaje es negro y blanco
y sólo comen un tipo de planta: el **bambú**.

Los **cocodrilos**

El **cocodrilo** es un reptil, como la lagartija o el dinosaurio.
Es muy largo y su piel está cubierta de **escamas**.

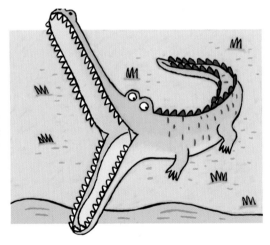

Sus mandíbulas, repletas
de **grandes dientes** puntiagudos,
son impresionantes.

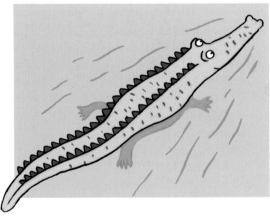

Es un **excelente nadador**.
Su larga cola le sirve para
avanzar en el agua.

Le gusta **calentarse** al sol sobre la arena.

La hembra pone huevos.
Cuando nacen sus crías, las transporta **en sus fauces**.

Los **reptiles**

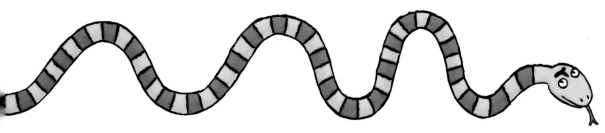

Las **serpientes** no tienen patas, **se arrastran** sobre el vientre para avanzar, son largas y su piel está cubierta de **escamas**.

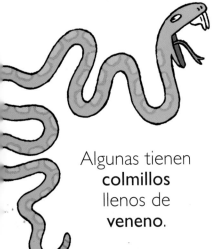

Algunas tienen **colmillos** llenos de **veneno**.

La **cobra** india es muy venenosa. Es el reptil que hipnotizan los encantadores de serpientes.

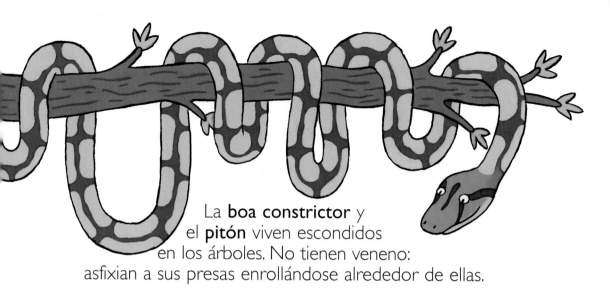

La **boa constrictor** y
el **pitón** viven escondidos
en los árboles. No tienen veneno:
asfixian a sus presas enrollándose alrededor de ellas.

El **camaleón** es un lagarto con una cola larga que
le sirve para colgarse de los árboles.

Su **lengua pegajosa**
es más larga que
su cuerpo. La saca
para atrapar insectos.

Puede cambiar de **color** según
los lugares y las situaciones.

Sus grandes **ojos** pueden girar
de manera independiente.

El **koala** no es muy grande.
Vive en los árboles de **eucalipto**
y come sus hojas y sus retoños.

Tiene orejas redondas
y no tiene cola.
Su pelaje es **muy suave**.

Cuando nace, el bebé es muy pequeño y sigue creciendo en
la **bolsa de su madre**. A los 8 meses lo carga sobre su lomo.

El **canguro**
es grande y pesado.
Come hierba.

Para correr el canguro levanta
sus gruesas **patas traseras** y
avanza dando **saltos** de 10 metros.

Después de su nacimiento, el **cangurito** permanece en la bolsa
de su madre y crece durante 6 meses.

Aves muy coloridas

Las **aves exóticas** suelen tener plumajes
de **colores** muy vivos.

Los **flamencos rosa** viven en grupos.
Duermen haciendo equilibrio sobre una pata.

Los **guacamayos** son grandes
loros de cola larga.
Tienen un **pico muy fuerte**.

El **tucán** tiene un **pico** enorme,
a veces más grande que su
cuerpo, pero **muy ligero**.

Las **cotorras** se parecen a los pericos pero son más pequeñas.

El **avestruz** es el **ave** más grande del mundo.

Hay cotorras azules, amarillas o verdes. Pueden trepar, silbar y **cantar**.

El avestruz es muy pesado y tiene alas pequeñas; **no puede volar**, pero **corre muy rápido**.

Es cierto

Súper **nariz**

Los machos **násicos** tienen una enorme nariz que les crece toda la vida.

Brazos muy largos

El **orangután** mide 1.50 m y ¡sus brazos más de 2 m!

Muy **pequeñito**

El **lémur ratón** pesa lo mismo que una naranja.

El más **pesado**

El **elefante macho de África** ¡pesa lo mismo que 8 automóviles!

La más **alta**

La **jirafa** es más alta
que una casa.

El más **lento**

El **perezoso** vive colgado de
las ramas, con la cabeza hacia
abajo. Se mueve muy lentamente.

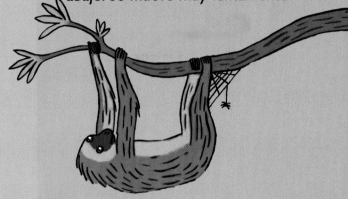

La más **larga**

Desenrollada, la lengua del **camaleón** mide
una vez y media lo largo de su cuerpo.

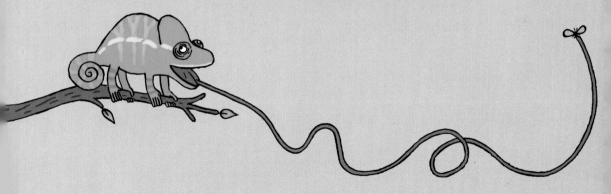

Esta obra se terminó de Imprimir y encuadernar
en Marzo del 2006 en Gráficas Monte Albán,
S.A. de C.V. Fraccionamiento Agroindustrial
La Cruz, 76240. Querétaro, Qro.